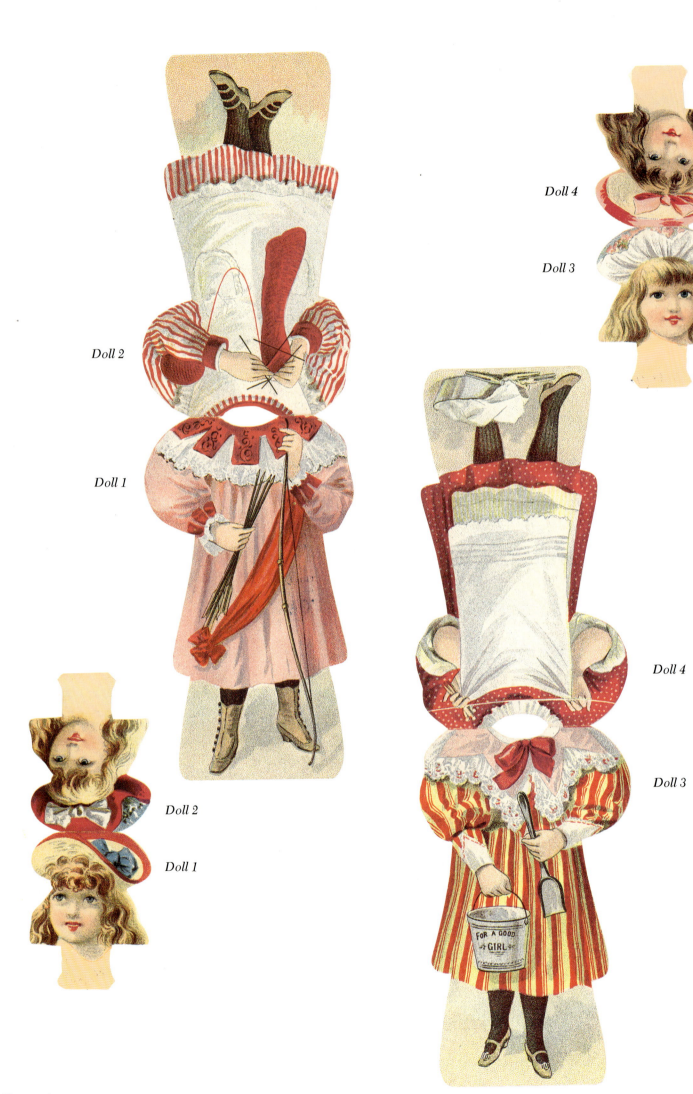

Doll 4

Doll 3

Doll 2

Doll 1

Doll 2

Doll 1

Doll 4

Doll 3

PLATE 1

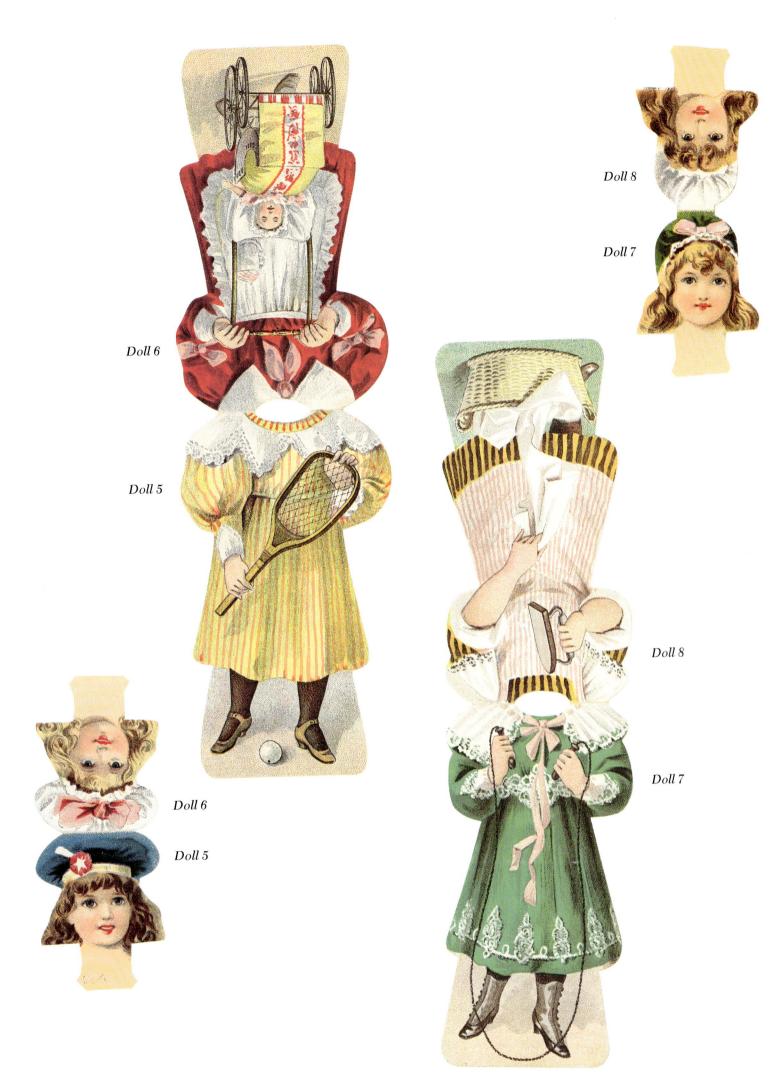

Doll 6

Doll 5

Doll 8

Doll 7

Doll 6

Doll 5

Doll 8

Doll 7

Plate 2

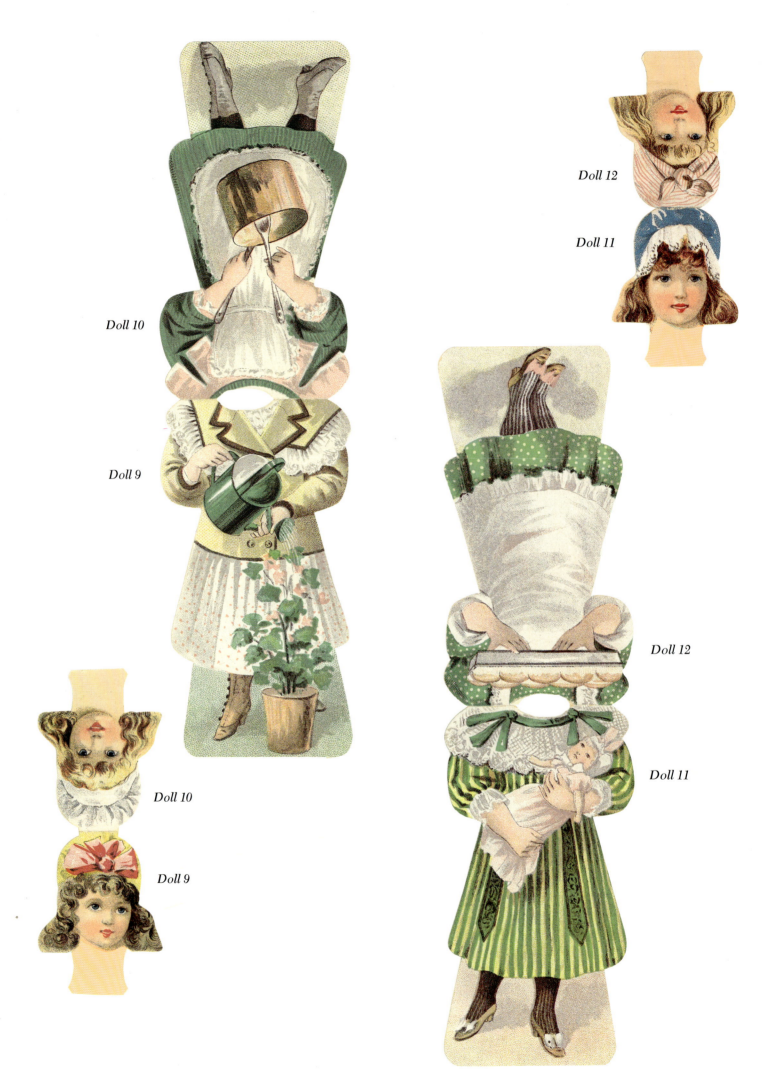

Doll 10

Doll 9

Doll 10

Doll 9

Doll 12

Doll 11

Doll 12

Doll 11

PLATE 3

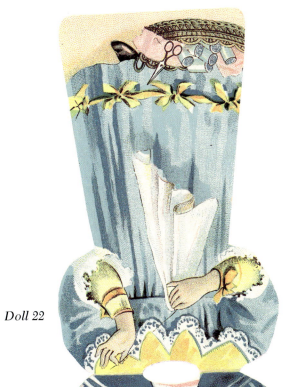

Doll 22

Doll 21

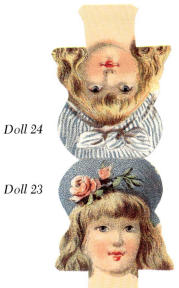

Doll 24

Doll 23

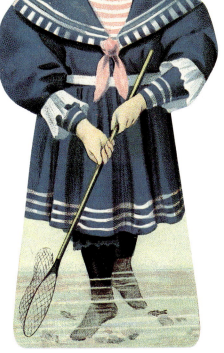

Doll 22

Doll 21

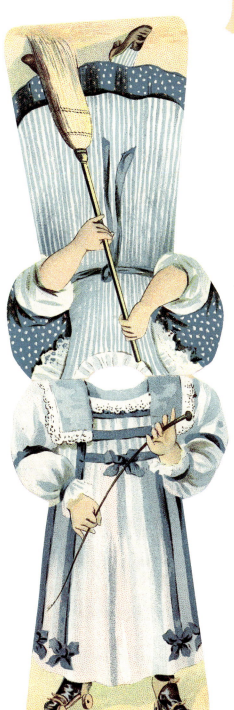

Doll 24

Doll 23

PLATE 6